To all little boys and girls as
they start their incredible journey
learning about the Faith!

A Catholic 𝔄 𝔅 ℭ Booklet

ℭreated by:

ℒawrence and 𝔐ary 𝔄nn 𝔖cheeler

This book contains the whole
alphabet plus the short and long
sound of the five vowels.

A special thanks to Nicole
for her inspiration and help in
finishing this little book!

1

"I will praise Jesus and Mary as I study my ABC's and learn my Catholic Faith."

My name is:

_____

My name starts with the letter:

_____

<u>A</u> <u>a</u>

is for

<u>A</u>ngel

A a

is for

Advent

B **b**

for the Holy

Bible

C c

for **C**atholic &

Christ Child

D d

is for Holy

Death

E e

for the Glorious Resurrection on

Easter

E e

is for

Ember Days

SPRING   SUMMER

WINTER   AUTUMN

EMBER DAYS

F f

is for

Faithful **F**amily

G g

is for

1 **G**od in 3 Persons

H h

for the Sacred **H**ost in **H**oly Communion

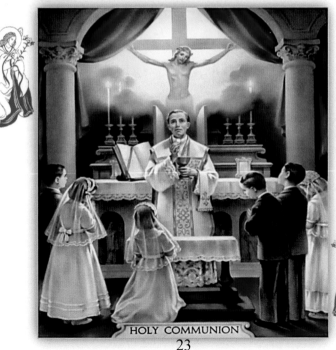

HOLY COMMUNION

I i

is for

I H S – Jesus' Holy Name
on the Host

I i

is for the Holy

Infant and Incense

J j

is for

Jesus Blessing Children

K **k**

is for

King Jesus

L l

is for the

Lamb of God & Lent

M m is for

Mary, **M**y

Maiden and **M**other

N n

is for the

Nativity

O o

for Holy

Obedience

O o

is for the

Offertory at Mass

<u>P</u> p

is for

<u>P</u>eace & <u>P</u>rayer

<u>Q q</u>

is for Our Dear

<u>Q</u>ueen Mary

R r

for the Most Holy

Rosary

<u>S</u> <u>s</u>

for the Communion of

<u>S</u>aints & the <u>S</u>acrifice

of the Mass

T t

is for **T**ime to visit

Jesus in the **T**abernacle

U u

is for

Unity with God

<u>U</u> <u>u</u>
is for
<u>U</u>nderstanding

THE GIFT OF UNDERSTANDING

<u>V</u> v

is for the

<u>V</u>isitation

W **w**

for the Three

Wise Men

X x

is for the

CrucifiX

Y y

is for Holy & Pure

Youth

Z z

is for

Zealous Zachary

The End